# [絶品！バスクチー



藤沢セリカ

# BASQUE Cheese Cake

河出書房新社

# WHAT IS BASQUE *CheeseCake*

## ちまたで話題の「バスクチーズケーキ」とは？

コンビニで異例の大ヒットを飛ばしたチーズケーキのスイーツ、通称「バスチー」。小さな普通のカップケーキですが、濃厚なチーズの味とカラメルの香ばしい香り、そして今までに食べたことのない新食感が皆を虜にしました。実はこの小さなスイーツ、北スペインの「バスク」地域にある海辺の街「サン・セバスティアン」のバルで昔からワインのおつまみとして愛され続けてきた「バスクチーズケーキ」が発祥。

美食の街としても有名なサン・セバスティアンには、ピンチョスやタパスをチャコリ（バスクで作られた微発泡の白ワイン）やワインと楽しむ無数のバルがあります。そこで最後にしめとしていただくのがこのチーズケーキ。ミディアムボディのワインとペアリングするのがバスクスタイル。

焦げた黒い表面に半生の中身、酸味のない味が特徴で、ベイクドチーズケーキとレアチーズケーキの双方のいいとこ取りをした逸品です。トロッとしたなんともいえない舌触りで、一度食べたら忘れられません。

大きめの型で焼き、切り分けてサーブするのが現地サン・セバスティアン流。大きく焼いた方が、中身のとろとろ感を味わえるから。

本書では、私が本場バスクのさまざまなバルで食べて研究したレシピとそのアレンジをご紹介します。

大きい型からコンビニ風の小さい型まで、皆さんがお好みの大きさでおいしく作れるよう型に応じた分量を吟味しました。本場のとろとろ感を感じたいなら大きい型がおすすめですが、マフィン型でもおいしさが変わらないよう配慮しました。

基本の材料はたったの5種類！ この本どおりに丁寧に作れば、あなたもたちまち、バスクチーズケーキのマスターに。

藤沢セリカ

Basque
France
Spain
Madrid
Barcelona
Valencia
Sevilla

# CONTENTS

TOOLS

# 用意する道具

**バスクチーズケーキは、キッチンにある普段使いの道具で作ることができます。**

### ボウル

全てを混ぜ合わせるために、口が広くて深くて大きめのボウルをチョイス。湯煎にかけたときに熱が伝わりやすいステンレス製がおすすめ。

### 計量用ボウル／計量カップ

計量用のボウルは小さめのものを２個用意。プラスチック製の軽いものが扱いやすい。計量カップは生クリームを量るときに必要。

### ココット

少量の小麦粉を量るには、小さめのココットが便利。透明なら小麦粉のこびりつきがわかりやすい。

### 茶こし

少量の小麦粉をふるうときに使用。大きなふるいだと扱いにくい。

### 湯煎用鍋

ボウルの底が入る、口が広めの鍋、または深めのフライパンを用意。

### デジタルスケール

粉類の細かい計量に便利。１gから２kgまで量れるものがおすすめ。

### 泡立て器

全体を混ぜるものは１本。少量を個別に混ぜるために小さい泡立て器を１～２本持っていると便利。

### ゴムベラ

クリームチーズを練る、生地を流し込むときに使用。先の固いものとやわらかいものがあると便利。

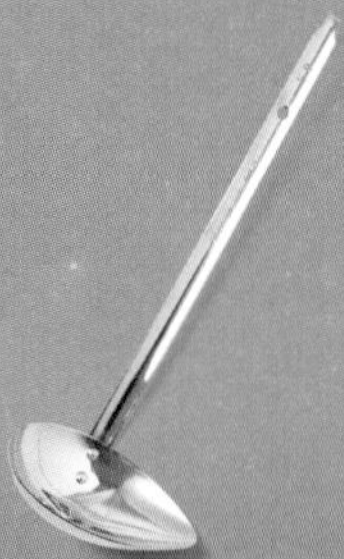

### レードル

マフィン型に生地を流し込むときに使用。丸いおたまより、片方に口がついている楕円形が便利。

INGREDIENTS

# 基本の材料

**基本のバスクチーズケーキは、５つのアイテムで作ることができます。**

### グラニュー糖

甘さをつけるために使用。お菓子作りには一般的にグラニュー糖を使用するが、好みの砂糖を使ってもOK。

### 卵

新鮮なものを選ぶ。サイズはM～Lを使用。赤、白どちらでもOK。ただし卵黄の色が濃いものだと黄色い仕上がりになる。

### 小麦粉

薄力粉を使用。グルテンが気になる場合は、コーンスターチや米粉、片栗粉でもOK。ただし食感は少々ねっとりした感じになる。

### 生クリーム

動物性の脂肪分35～45％がおすすめ。動物性が苦手な人やカロリーが気になる場合は植物性でもOK。

### クリームチーズ

塩分が少ないものを選ぶとよい。クリームチーズは冷凍すると分離してしまうので、使い切れる分量をそのつど購入する。

必ずできる！

失敗しない！

HOW TO MAKE

# 基本のバスクチーズケーキの作り方

**特別な食感のバスクチーズケーキを、失敗ナシでとびきりおいしく作れる秘伝のテクニックをお教えしましょう。材料一つ一つを加えながら混ぜ合わせていくだけのシンプルな工程ですが、少しだけコツが必要です。**

## 下準備

おいしいバスクチーズケーキを作る材料はたった5種類の食材ですが、そのほとんどが冷蔵庫での保存です。クリームチーズは冷えると固くなるため混ぜにくく、他の食材とも混ざりが悪くなります。また、生クリームや卵も冷えすぎると混ざりにくくなるので、材料は作り始める30分以上前（季節にもよる）に冷蔵庫から出し、20～25°Cくらいの常温に戻しておきましょう。
※オーブンを220°Cに予熱開始する。

# STEP.1

## 材料は正確に量る

お菓子作りの基本は正確な計量です。適当に量ると焼けなかったり固まらなかったりと失敗のもとになるので注意が必要です。また、計量するときに使用するボウルなどは、水気や汚れがついていないか、下準備の段階でしっかりチェックしましょう。

クリームチーズ

深みのある大きめのボウルにクリームチーズを入れて計量。このとき、かたまりで入れずに薄くカットすると、やわらかくなりやすい。

砂糖

グラニュー糖を使用。甘い方が好きでも、砂糖を多く入れると焦げやすくなるので注意。

卵

卵は計量するボウルとは別の容器で溶いてから量る。

小麦粉

使用する小麦粉は少量なので、なるべく小さな容器、透明のココットなどで量る。

生クリーム

そそぎやすい計量カップなどを利用。バスクチーズケーキの場合はmℓではなく、グラムで量るのがルール。

# STEP.2

## 焼き型の準備をする

バスクチーズケーキといえば、独特の形。その理由は焼き型全体に敷き詰めるオーブンペーパーにあります。初めはグチャッとしたその姿に「これでいいの？」と不安に思うかもしれませんが、焼いていくうちにこの形状だからこぼれるのを防いだり、型から抜きやすいのだと理解できるはずです。

1

### 焼き型に油を塗る

オーブンペーパーを焼き型にくっつきやすくするために、焼き型の内側に薄く油を塗る。

2

### アルミホイルを巻く

焼き型の側面にアルミホイルを巻く。こうすることで熱の伝わりを和らげ、側面の焦げを防ぐ。

3

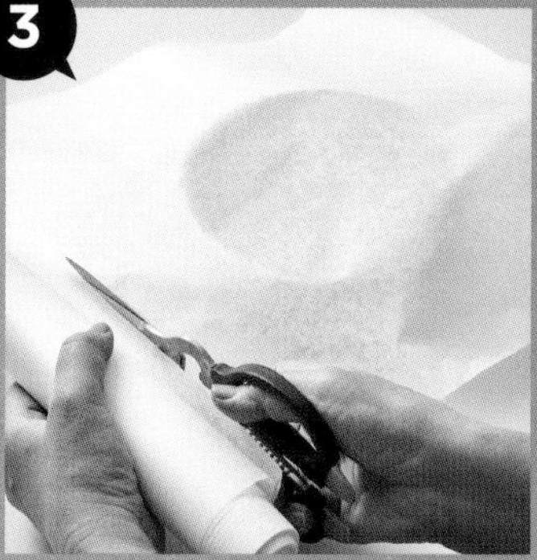

### オーブンペーパーを切る

焼き型の大きさより10㎝ほどはみ出すくらいの長さにオーブンペーパーを切る。ペーパーや焼き型の大きさにもよるが、1～2枚用意する。

4

### オーブンペーパーを敷く

焼き型の上にオーブンペーパーを置き、中心部分を底に押しつけ、周りを側面にくっつける。

5

### 指で押さえる

丸い焼き型の全体に沿うように、指で押しつけながらオーブンペーパーを敷く。このときオーブンペーパーの重なり部分が内側に出っ張らないように注意する。

6

### 焼き型のできあがり！

紙の器のような状態になる。オーブンペーパーが少し浮いていても、生地を流し込むので大丈夫。焼き型より飛び出ている部分が大きい場合ははさみで切って揃えてもよい。

# STEP.3

## クリームチーズを練る

クリームチーズをなめらかに練ります。このとき絶対にハンドミキサーを使わないこと！ 電動だと早い速度で攪拌するので、それではなめらかにはなりません。最初はゴムベラでクリームチーズをつぶすように練りましょう。固い場合は湯煎にかけながら、やさしく練り、クリーム状になったら泡立て器に持ち替えます。

### 湯煎にかける

一度沸騰したお湯を50°Cくらいに下げ、クリームチーズの入ったボウルの底を湯にあてる。

### ゴムベラで練る

クリームチーズを指で触り、やわらかくなっていたら湯煎から外し、ゴムベラでクリーム状になるまでよく練る。固い場合は再度湯煎にかける。

### 泡立て器に持ち替える

クリームチーズがクリーム状にやわらかくなったら、ゴムベラを泡立て器に持ち替えてよく混ぜる。

# STEP.4

## 小麦粉をふるう

小麦粉の量はほんの少量。これはバスクチーズケーキの特徴ともいえます。少量なのでふるう場合に大きなふるいを使う必要はありません。おうちにある茶こしを利用しましょう。

### 茶こしを使ってふるう

次の段階で生クリームと合わせることを考えてボウルを用意。そこへ茶こしで小麦粉をふるい入れる。

# STEP.5

## 生クリームと混ぜ合わせる

小麦粉と生クリームを合わせる。このとき小さめの泡立て器を使うと便利。粉っぽさがなくなるまで、ゆっくり丁寧に混ぜ合わせるとクリーム状に仕上がります。このひと手間が重要。全ての材料を混ぜ合わせたときに粉なじみがよくなり、なめらかに仕上がります。

### 小麦粉に生クリームを入れる

ふるった小麦粉の入ったボウルに生クリームを分量の⅓ほど入れてよく混ぜ合わせる。

### ゆっくりよく混ぜる

生クリームに小麦粉が溶けたら残りの生クリームを2回に分けて入れながらゆっくり丁寧に混ぜる。

# STEP.6
## 順番に加える

やわらかく練ったクリームチーズに材料を順番に入れていくのですが、ここのポイントは“いちいち丁寧に混ぜる”です。材料が少なく、ただ混ぜて焼くだけのシンプルな工程ですが、だからこそ、混ぜ方によっておいしさが格段に違います。

**POINT**

**クリームチーズに入れる順番を守ること！**

グラニュー糖 ▶ 卵 ▶ 小麦粉入り生クリーム

1

**グラニュー糖を分けて入れる**

クリームチーズの入ったボウルに、グラニュー糖を3回に分けて入れる。そのつどよく混ぜ合わせる。

2

**つぶ感がなくなるまで混ぜる**

グラニュー糖が全て入り、最終的にジャリジャリした感じがなくなるまでよく混ぜる。

3

**卵を入れて混ぜ合わせる**

最初に卵を⅓ほど入れてよく混ぜ合わせる。

4

**3回繰り返す**

残りの卵を2回に分けて入れ、そのつどよく混ぜ合わせる。

5

**生クリームを入れる**

小麦粉と生クリームを合わせたもの（STEP. 5）を、まずは半分入れてよく混ぜ合わせる。

6

**残りを全て入れる**

残りの生クリームを全て加え、なめらかになるまでよく混ぜる。

# STEP.7

## とにかくよく混ぜる!

ゆっくり丁寧に混ぜるのが、おいしいバスクチーズケーキを作るポイントです。目安はきめが細かくてなめらかな生地になることですが、なかなか見た目ではわかりませんよね? そこで時計を見ながら3分間。ゆっくり時計回り(反対でもOK)に混ぜます。このとき決して泡立てないように! 空気が入る分、焼いたときに生地はふくらみますが、冷めたときに焼き縮みします。

**POINT**

### 早く混ぜるのはNG!

よく混ざらないからといって、泡立て器を早く動かしたり、電動のミキサーなどを使うと、生クリームがホイップされた状態になり、全体が固くなる。

1

### スタート!

3分間、ゆっくり丁寧に混ぜる。

2

### 固くなってきたら…

混ぜているうちに生地が固くなってくることがある。固くなると生地がなめらかにならないので注意。

3

### 湯煎にかける

固くなって力を入れないと混ざらなくなったら、50℃のお湯にボウルの底をつけて湯煎にかけながら、ゆっくり混ぜる。

**POINT**

### 季節にもよりますが、湯煎するお湯(50℃くらい)を常に用意しておきましょう。

ちょっと固いな、と感じたら湯煎にかけてゆっくり混ぜる。なめらかな生地を作る重要なポイントです!

### お湯の温度

50℃のお湯とは、指を入れたときに少し「熱い」と感じる程度。高温で湯煎するとクリームチーズが焼けてしまうので注意!

### 湯煎しながら混ぜる

泡立て器の先が生地の中にすっぽり入りきるように入れ、ゆっくり同じ方向に動かすように混ぜる。

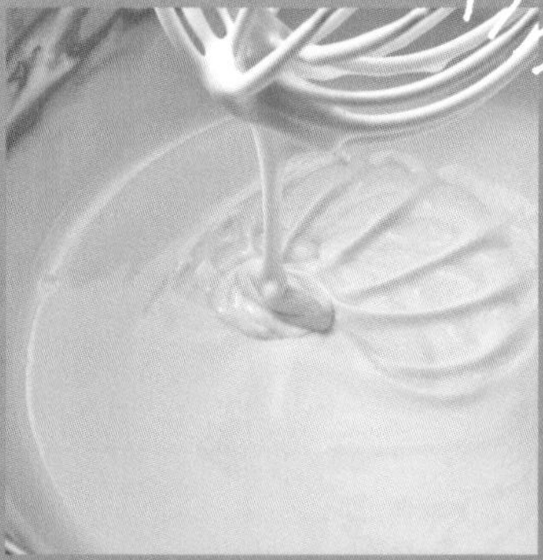

### 生地のできあがり!

泡立て器を持ち上げて、トローッと生地がたれるくらい。写真のようなやわらかさ、なめらかさが目安です。

# STEP.8
## 焼き型に流し入れる

生地ができたら焼き型に流し入れます。このとき、少し高い位置（焼き型から15cmほど上）から生地を落とすようにします。こうすることで生地中の空気を抜くことができて、生地がきれいに焼き上がります。焼き型に敷いてあるオーブンペーパーの底の中央あたりをめがけて入れましょう。

1

### 流し入れる
焼き型に敷いてあるオーブンペーパーの底、中央をめがけて生地を流し入れる。生地の分量（P.15参照）は焼き型に合わせているので、ボウルについた生地もゴムベラを使って残さず流し入れる。

### 丸い焼き型の場合
丸い焼き型にオーブンペーパーを敷き入れると、側面が重なったりたわんだりするので、指でしっかり筋をつけて貼りつけた状態にして生地を流し入れるとよい。

### マフィン型の場合
マフィン型にはサイズに合ったグラシンカップを敷く。また、プリンカップやタルトカップ（浅いタイプ）でも、グラシンカップかオーブンペーパーを敷いてから生地を流し入れる。

2

### 空気を抜く
生地の入った焼き型、マフィン型をテーブルより15cmほど持ち上げて落とし、生地の中にある空気を抜く。この作業を3～4回繰り返す。

POINT

### 入れる生地の分量
焼き型、マフィン型が小さい場合、グラシンカップいっぱいに生地を流し入れると焼いている途中にあふれ出てしまう恐れがあるので、8分目まで入れる。

# STEP.9
## オーブンに入れて焼く

220°Cに温めたオーブンに入れます。焼き時間は焼き型の大きさによって違うのでそのつど確認しましょう。また、オーブンによって温度の誤差やクセがあるので、最初のうちはこまめにチェックすることをおすすめします。

### オーブンに入れる
オーブンのタイプによるが、3段式なら中段、2段式なら1段目に置く。なるべく天板の中央に焼き型がのるようにセットする。

# STEP.10

## 冷ます

バスクチーズケーキは冷まし方にもコツがあります。ケーキの中央部分をとろとろ半生状態に仕上げるには、真ん中を先に冷ます必要があります。本場バスクのバルでは、たくさんの丸い穴があいたチーズケーキ専用の棚があります。同じような効果を発揮する即席棚をアルミホイルとケーキクーラーで作りましょう。

POINT

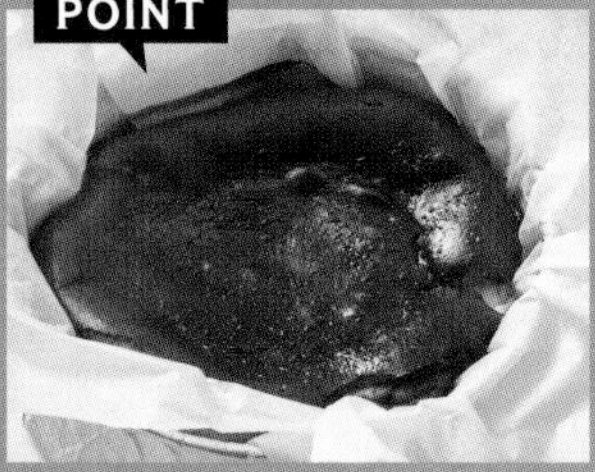

### 焼けた目安

焼き上がった目安は、焼き型を持ち上げると生地全体がふるふる動く半生状態。ただし、表面が割れて液体が出ているようならまだ焼けていないので、あと5分ほど追い焼きをする。「少しやわらかいかも」が冷めると丁度よい状態になる。

1

### 棚を作る

アルミホイルを長めに切り、ケーキクーラーの中央部分を空けるように周りにつける。

2

### 焼き型を棚にのせて冷ます（丸型の場合）

焼き上がったら手作り棚の上に焼き型ごと置き、粗熱を取る。

3

### 焼き型から外す

粗熱が取れ、触れる程度になったら、出っ張っているオーブンペーパーを持ち、そっと焼き型から外し、ケーキの底中央がアルミホイルのない部分にのるように棚に置く。そのまま5時間ほど放置する。

※マフィン型の場合、アルミホイルをつけていないケーキクーラーの上に置いて粗熱を取り、焼き型から抜いて、再度ケーキクーラーの上にのせて冷ます。小さく焼くと熱が加わるのも冷めるのも早いので、焼き上がったらなるべく早めに焼き型から外す。

カットした断面がトロッとした半生状態がバスクチーズケーキなので、フォークではなくスプーンで食べるのがスタンダード。チーズよりチーズを感じられる大人のスイーツ。

# FINISH

## バスクチーズケーキのできあがり!!

高温で焼くために表面が黒く焦げるのもバスクチーズケーキの特徴です。粗熱を取ったあと冷蔵庫で冷やしますが、食べるときは常温がおいしいので、季節にもよりますが食べる30分ほど前には冷蔵庫から出しておきましょう。カットしたときに真ん中あたりがトロッとしていれば大成功です！

## 焼き型のサイズと分量、温度、焼き時間

バスクチーズケーキは大きい焼き型の方が上手に作ることができます。その理由は熱の伝わり方。大きいほど中央に熱が届くのが遅くなり、とろとろの半生状態になりやすいのです。ただ、家庭で作る場合は小さめの焼き型を使用することが多いと思うので、サイズ別に分量と温度、焼き時間を表にしました。小さくなればなるほど中央のとろとろ感はなくなりますが、味は変わりません。焼き時間はオーブンによって多少違いがあるのであくまでも目安にしましょう。

| サイズ（直径） | クリームチーズ | グラニュー糖 | 卵 | 小麦粉 | 生クリーム | 温度 / 焼き時間（時間は目安） |
|---|---|---|---|---|---|---|
|  24㎝ | 1000g | 340g | 390g | 30g | 500g | 220°C / 40分 |
|  20㎝ | 500g | 160g | 200g | 15g | 250g | 220°C / 40分 |
|  18㎝ | 450g | 150g | 180g | 13g | 250g | 220°C / 35分 |
|  15㎝ | 300g | 100g | 125g | 9g | 180g | 220°C / 30分 |
|  12㎝ / 6個分 | 320g | 110g | 130g | 10g | 180g | 220°C / 20分 |
| 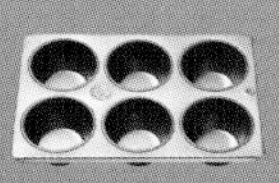 9㎝ / 8個分 | 200g | 60g | 78g | 6g | 100g | 200°C / 15分 |

**レシピ下カコミにあるように、生地をアレンジする場合は、プラスする食材を入れた合計分量がこの表にある「クリームチーズの分量」になるようにする。**

バスクチーズケーキ

# Q&A

**バスクチーズケーキに関するちょっとした疑問にお答えします！**

### Q1 「バスチー」とバスクチーズケーキは違うもの？

**A** 「バスチー」とは某コンビニエンスストアーが独自開発したもので、おそらくバスクチーズケーキをイメージしたものだと思われます。味付けは違いますが、やわらかい食感や風合いなどはバスクチーズケーキと似ています。

### Q2 どうして表面が黒いのですか？

**A** バスクチーズケーキの特徴は中がとろとろの半生状態です。その状態を作るためには高温で焼く必要があります。そのため表面が焦げるのですが、これも他のチーズケーキと大きく違う点。焦げも味のアクセントとして楽しみましょう。

### Q3 お店のような焼き加減になりません

**A** 材料の分量や作り方が同じでも、オーブンの違いで焼き上がりや食感に差が出ます。それに、家庭用のオーブンと業務用では火力が違いますし、家庭用では上火・下火の細かい設定ができません。焼き上がりに違いが出るのは当たり前！ 本書では家庭でお店に近い味を作れるコツを研究し紹介しています。

### Q4 市販品のように作れません

**A** 表面が沈んでしまうんですよね？ Q5でも詳しくのべますが、味に変わりはありません。むしろ添加物を使用していない分、安心して食べることができます。市販品には少なくともふくらみを安定させるものや長もちさせる保存料は入っています。形は多少悪くても、安全な素材だけで作れるのが手作りのよさです。

### Q5 冷めると生地が沈みます

**A** チーズケーキの特徴は焼き縮みすることです。15 ～ 20㎝の焼き型だとあまり焼き縮みはしませんが、小さいものはほぼ表面がへこんでしまいます。味は変わりませんが、気になるようなら、へこみが目立たない15㎝以上の焼き型をおすすめします。

### Q6 どうしてハンドミキサーはダメ？

**A** バスクチーズケーキは泡立てる必要はありません。むしろ、空気を入れないように静かに混ぜ合わせることが重要です。最初は時計を見ながら3分間混ぜることを推奨しますが、そのうち泡立て器を持つ手から生地の重みや、混ぜているうちになめらかになってくることが伝わってきます。

BASQUE
Cheese Cake

# PART 1

## 大人気！
## 銘品バスクチーズケーキに
## チャレンジ

店頭では売り切れ続出、カフェでは大行例。そんなミラクルブーム中の注目スイーツを、おうちで失敗なく再現できるレシピです。形よりは味、家庭での作りやすさを最優先しました。形や大きさに少し違いはありますが、これは家庭で失敗しないための配慮。さあ、本場に負けないバスクチーズケーキにチャレンジして！

BASQUE

# 01

## CARAMEL FLAVORED

あの大ヒット コンビニスイーツをおうちでも

# カラメル風味のバスクチーズケーキ

グラシンカップをめくった瞬間、ジュワッと出てくるカラメルソースが印象的です。
表面もカラメル風味が際立つ、ハイクオリティーなコンビニスイーツ。
大人にも好まれる、少し焦げた苦味のあるカラメルソース作りがポイントです。

**材料** 9㎝マフィン型　8～9個分

クリームチーズ ……… 200g
パルメザンチーズ（粉）……… 20g
グラニュー糖 ……… 60g
卵 ……… 90g
小麦粉 ……… 10g
生クリーム ……… 150g

• カラメルソース（作りやすい分量）
- 砂糖（上白糖）……… 50g
- 水 ……… 50mℓ
- 湯（熱湯）……… 50mℓ

※下準備、生地の作り方はP.8 ～ 14参照

**POINT**

焦げが強くなるほど苦味が増すので、好みのころあいで湯を加えて焦げを止める。このとき、湯がはねるので注意。

**作り方**

❶ カラメルソースを作る。小鍋に砂糖と水を入れて中火にかけ、茶色く焦げてくるまで混ぜたりせずにそのまま放置する。

❷ ①の小鍋から煙が立ち始め、液体が茶色く焦げてきたら湯をいっきに加える。→POINT

❸ ②が熱いうちにグラシンカップの底に小さじ1ほど入れる。

❹ 生地を作る。ボウルにクリームチーズとパルメザンチーズを入れ、湯煎にかけながらゴムベラでクリーム状になるまでよく練る。

❺ ④を湯煎から外し、ゴムベラを泡立て器に持ち替え、グラニュー糖を3回に分けて入れながらよく混ぜ合わせる。

❻ ⑤に卵を3回に分けて加えながら混ぜ合わせる。

❼ 別のボウルに小麦粉をふるい入れ、生クリームを3回に分けて加え、よく混ぜ合わせて⑥に加える。

❽ 全体を混ぜ合わせ、その後ゆっくり3分間混ぜる。

❾ 生地全体がなめらかになったらマフィン型に流し入れる。軽くトントンとテーブルに落として空気を抜く。

❿ 220℃のオーブンに入れて15～20分焼く。

⓫ 粗熱が取れたらチーズケーキの表面に刷毛で残りのカラメルソースを塗る。※カラメルソースが固まってしまった場合は、少量の水を足して弱火にかけて溶かす。

丸型で焼く場合、生地の分量・温度・焼き時間はP.15の表を参照。パルメザンチーズの量はクリームチーズの分量の10%を目安。カラメルソースは全ての材料を倍にする。

BASQUE
# 02

EGG FLAVORED

老舗コンビニのプレミアムスイーツ決定版

## 味わいマイルドな卵風味の
## バスクチーズケーキ

プリンっぽい舌触りに卵黄がたっぷり入ったやさしい風味のバスクチーズケーキ。
表面のふんわり感と中央のやわらかさが虜になるおいしさ。
子どもからお年よりまで安心して食べられるよう、材料を吟味。手作りならではの醍醐味です。

**材料**　9㎝マフィン型　8～9個分

クリームチーズ……… 200g
グラニュー糖……… 90g
全卵……… 50g
卵黄……… 40g（約2個分）
小麦粉　10g
生クリーム……… 150g

※下準備、生地の作り方はP.8～14参照

**作り方**

❶ ボウルにクリームチーズを入れ、湯煎にかけながらゴムベラでクリーム状になるまでよく練る。

❷ 小さめのボウルに全卵と卵黄を入れて混ぜ合わせる。

❸ ①を湯煎から外し、ゴムベラを泡立て器に持ち替え、グラニュー糖を3回に分けて入れながらよく混ぜ合わせる。

❹ ③に②を3回に分けて加えながら混ぜ合わせる。

❺ 別のボウルに小麦粉をふるい入れ、生クリームを3回に分け て加え、よく混ぜ合わせて④に加える。

❻ 全体を混ぜ合わせ、その後ゆっくり3分間混ぜる。

❼ 生地全体がなめらかになったらマフィン型に流し入れる。軽くトントンとテーブルに落として空気を抜く。

❽ 220°Cのオーブンに入れて15～20分焼く。

丸型で焼く場合、生地の分量・温度・焼き時間はP.15の表を参照。卵黄の量は、卵を量るとき最初に卵黄2個を入れ、残りは全卵を入れて表にある卵全体の分量にする。

BASQUE

# 03

ENJOY TOPPING

高級住宅街に長蛇の列を作る、人気の専門店風

## 濃厚なめらか
## バスクチーズケーキ

少し焦げた表面のほろ苦さと、とろ～りと口の中でとろける濃厚な味わいが特徴の
バスクチーズケーキ。お酒にも合うよう甘さ控えめなので、
スイーツタイムにはメープルシロップやコンフィチュールを添えて。

**材料** 15cm丸型

クリームチーズ……300g
グラニュー糖……80g
卵……100g
小麦粉……8g
生クリーム……150g

- トッピング（お好みで）
  メープルシロップ、はちみつ、
  コンフィチュールなど……適量

※下準備、生地の作り方はP.8～14参照

**作り方**

❶ ボウルにクリームチーズを入れ、湯煎にかけながらゴムベラでクリーム状になるまでよく練る。

❷ ①を湯煎から外し、ゴムベラを泡立て器に持ち替え、グラニュー糖を3回に分けて入れながらよく混ぜ合わせる。

❸ ②に卵を3回に分けて加えながら混ぜ合わせる。

❹ 別のボウルに小麦粉をふるい入れ、生クリームを3回に分けて加え、よく混ぜ合わせて③に加える。

❺ 全体を混ぜ合わせ、その後ゆっくり3分間混ぜる。

❻ 生地全体がなめらかになったら焼き型に流し入れる。軽くトントンとテーブルに落として空気を抜く。

❼ 220°Cのオーブンに入れて20～25分焼く。

他の焼き型で焼く場合、生地の分量・温度・焼き時間はP.15の表を参照。

BASQUE

04

AUTHENTIC

すぐに売り切れてしまう人気のカフェ風

# 伝統的バスクチーズケーキ

テラス席がおしゃれな異国情緒あふれるオールデイダイニング。
パンケーキが有名なカフェではバスクチーズケーキも大人気。
とろける舌触りが特徴の本場バスクを思わせる味です。

**材料** 20cm丸型

クリームチーズ ……… 500g
グラニュー糖 ……… 160g
卵 ……… 200g
小麦粉 ……… 15g
生クリーム ……… 250g

- トッピング
  ホイップクリーム
  （生クリームの分量に対して
  砂糖を10%入れてホイップする）……… 適量

※下準備、生地の作り方はP.8 〜 14参照

**作り方**

❶ ボウルにクリームチーズを入れ、湯煎にかけながらゴムベラでクリーム状になるまでよく練る。

❷ ①を湯煎から外し、ゴムベラを泡立て器に持ち替え、グラニュー糖を3回に分けて入れながらよく混ぜ合わせる。

❸ ②に卵を3回に分けて加えながら混ぜ合わせる。

❹ 別のボウルに小麦粉をふるい入れ、生クリームを3回に分けて加え、よく混ぜ合わせて③に加える。

❺ 全体を混ぜ合わせ、その後ゆっくり3分間混ぜる。

❻ 生地全体がなめらかになったら焼き型に流し入れる。軽くトントンとテーブルに落として空気を抜く。

❼ 220℃のオーブンに入れて30 〜 40分焼く。

他の焼き型で焼く場合、生地の分量・温度・焼き時間はP.15の表を参照。

BASQUE

# 05

LUXURY GROCERY STORE

しっとりと濃厚なチーズが魅力的

# 高級スーパー風
# バスクチーズケーキ

輸入食材を扱う高級スーパーでも、バスクチーズケーキがブレイク中。
生地の焼き加減がしっかりめ。小さくても安定感がありプレゼントに最適。
チーズの味を生かした濃厚な口当たりで、おやつはもちろんワインのおつまみにも。

**材料** 9㎝マフィン型 8～9個分

クリームチーズ……… 180g
ブリー
(白カビのチーズ・カビの部分は取っておく)…… 36g
グラニュー糖……… 60g
卵……… 90g
小麦粉……… 10g
生クリーム……… 150g

※下準備、生地の作り方はP.8～14参照

**作り方**

❶ ボウルにクリームチーズとブリーを入れ、湯煎にかけながらゴムベラでクリーム状になるまでよく練る。

❷ ①を湯煎から外し、ゴムベラを泡立て器に持ち替え、グラニュー糖を3回に分けて入れながらよく混ぜ合わせる。

❸ ②に卵を3回に分けて加えながら混ぜ合わせる。

❹ 別のボウルに小麦粉をふるい入れ、生クリームを3回に分けて加え、よく混ぜ合わせて③に加える。

❺ 全体を混ぜ合わせ、その後ゆっくり3分間混ぜる。

❻ 生地全体がなめらかになったらマフィン型に流し入れる。軽くトントンとテーブルに落として空気を抜く。

❼ 220℃のオーブンに入れて15～20分焼く。

丸型で焼く場合、生地の分量・温度・焼き時間はP.15の表を参照。ブリーの分量はクリームチーズの分量の20%を目安。

# SAUCE

バスクチーズケーキをさらにおいしく！

## 手作りソースのレシピ

そのままでもおいしいバスクチーズケーキに味の彩りをプラスするソース。
手作りすれば甘さも調節でき、フレッシュな味わいを楽しめます。

※材料は作りやすい分量で表示しています。

### 06
### オレンジソース

リキュールの香りがするソース

**材料** 約150mℓ分

バター（食塩不使用）…… 大さじ1
砂糖 …… 大さじ1
オレンジの搾り汁 …… 100mℓ
レモン汁 …… 小さじ1
コアントロー（なくてもOK）…… 小さじ1

**作り方**

❶ フライパンにバターを入れて中火にかけ、溶けたら砂糖を加えて混ぜ合わせる。

❷ ①にオレンジの搾り汁、レモン汁、コアントローを入れ、うっすらとろみがついてきたら弱火にして30秒ほど煮詰め、火から下ろして冷ます。

### 07
### キャラメルソース

苦味を強くすれば濃厚に

**材料** 約150mℓ分

砂糖（上白糖）…… 50g
水 …… 大さじ1と½
生クリーム …… 100mℓ（温めておく）

**作り方**

❶ 小鍋に砂糖と水を入れて中火にかけ、茶色く焦げてくるまで混ぜたりせずにそのまま放置する。

❷ ①の小鍋から煙が立ち始め、液体が茶色く焦げてきたら火を止めて生クリームを少しずつ加えながら混ぜ合わせる。※

❸ ②の小鍋を再度弱火にかけ、とろみが出たら火から下ろして冷ます。

※焦げが強くなるほど苦味が増すので、好みのころあいで火から下ろして生クリームを加える。

### 08
### キウイソース

キウイにはラム酒を入れて大人味に

**材料** 約200mℓ分

キウイ（グリーン）…… 2個
水 …… 50mℓ
砂糖 …… 大さじ1
ラム酒 …… 小さじ1
コーンスターチ …… 小さじ1

**作り方**

❶ キウイと水をミキサーなどに入れてペースト状にする。

❷ 小鍋に①、砂糖、ラム酒、コーンスターチを入れてよく混ぜ合わせる。中火にかけてとろみがついてきたら弱火にして30秒ほど煮て、火から下ろして冷ます。

## 09
# ストロベリーソース

いちごのソースはアクセントにも！

**材料** 約180mℓ分

いちご（冷凍でもOK）…… 100g
水 …… 50mℓ
砂糖 …… 30g
レモン汁 …… 小さじ1
コーンスターチ …… 小さじ2

**作り方**

❶ いちごと水をミキサーなどに入れ、ペースト状にする。

❷ 小鍋に①、砂糖、レモン汁、コーンスターチを入れてよく混ぜ合わせる。

❸ ②を中火にかける。とろみが出てきたら弱火にして2分ほど煮詰め、火から下ろして冷ます。

## 10
# レモンソース

チーズケーキに合う酸味のソース

**材料** 約100mℓ分

レモン汁 …… 80mℓ
はちみつ …… 大さじ3
コーンスターチ …… 小さじ2
レモンの皮 …… 小さじ1（すりおろす）

**作り方**

❶ 小鍋にレモン汁、はちみつ、コーンスターチを入れてよく混ぜ合わせる。

❷ ①を中火にかける。とろみがついてきたら弱火にして2分ほど煮詰めてからレモンの皮を加え、火から下ろして冷ます。

## 11
# 黒糖ソース

やさしい甘さとコクが懐かしい味

**材料** 約100mℓ分

黒砂糖 …… 60g
水 …… 50g

**作り方**

❶ 小鍋に黒砂糖と水を入れ、黒砂糖を溶かすように混ぜる。

❷ ①を中火にかける。とろみがついてきたら弱火にして2分ほど煮詰め、火から下ろして冷ます。

Journey to
BASQUE

私のバスク探訪記①

# 世界有数の美食の宝庫。伝統的なスイーツもたくさん

バスクはスペインとフランスのふたつの国の北部にまたがる地域。それぞれを「スペインバスク」「フランスバスク」といいます。スペイン語、フランス語、バスク語が使われ、チーズケーキだけでなく、世界有数の美食エリアとしても著名です。

とりわけスペインバスク側の街「サン・セバスティアン」にはバルが多く、どの店でもおいしいワインとおつまみが味わえます。甘さと酸味を抑えたチーズケーキをワインと合わせる独特のペアリングは日本でも話題となり、人気に拍車をかけています。

一方フランスバスクはオープンカフェが多いのが特徴。スイーツと一緒にショコラやカプチーノをいただくのが定番です。マカロン発祥の地「サン・ジャン・ド・リュズ」はスペインとの国境から15キロほどの港町で、フランスのルイ14世とスペイン王女マリア・テレサが結婚式をした教会があることでも有名。そのお隣の「バイヨンヌ」は、フランス最古のチョコレート作りの街としても知られます。

バスクにはチーズケーキ以外にも味わい深いトラディショナルなスイーツがたくさんあります。ぜひ味わいに訪れてみてください。

①バスク菓子の代表ガトー・バスク。アーモンドパウダーとバターで作った生地にジャムやカスタードクリームが。／②バスクの旗が印象的。チョコレート入りクロワッサン、右はカスタードクリームの入ったパンチネタ。／③元祖マカロンは素朴な焼き菓子。甘くてもちっとした食感。／④サン・ジャン・ド・リュズの可愛らしい街並み。エスパドリーユ発祥の店も。／⑤ふわふわの泡が特徴的なショコラ。これを求めてバイヨンヌへ。別添えのホイップクリームはそのままでも溶かしてもおいしい。／⑥1854年創業のチョコレート店の板チョコ。カカオ濃度別やフレーバーなど種類もさまざま。／⑦スイーツもバル名物。ピンチョス同様、プリンやケーキもお好きにチョイス。／⑧ワインのお供にはチーズケーキ。スプーンで食べるのがバスクのバルのスタイル。

BASQUE
*Cheese Cake*

# PART 2

## さまざまなチーズを使った バスク風チーズケーキ

本場バスクのバルでは、チーズケーキはチーズと同じくワインのお供。さまざまなチーズを楽しむように、色々な種類のチーズケーキも食べたい！そんなチーズ好きが高じて作ったレシピです。チーズの個性を存分に味わうバスクチーズケーキをご堪能ください。フレッシュタイプからハードタイプまで、扱い方はそれぞれですが、おやつにはもちろん、ワインにも抜群の相性です！

BASQUE
12

GORGONZOLA CHEESE

クセのある青カビチーズだからワインに最高

# バスク風ゴルゴンゾーラチーズケーキ

バスクチーズケーキの正しい食べ方はワインとのマリアージュ。
そこで最もワインと相性のよいブルーチーズをたっぷり入れました。
ゴルゴンゾーラは「世界三大ブルーチーズ」のひとつ。
ピリッとした刺激となめらかな舌触りが特徴的。
少しクセのあるチーズが、バスクチーズケーキには最適です。

**材料** 15cm丸型

クリームチーズ……… 250g
ゴルゴンゾーラ……… 50g
グラニュー糖……… 80g
卵……… 120g
小麦粉……… 6g
生クリーム……… 150g

※下準備、生地の作り方はP.8～14参照

**作り方**

❶ ボウルにクリームチーズとゴルゴンゾーラを入れ、湯煎にかけながらゴムベラでクリーム状になるまでよく練る。

❷ ①を湯煎から外し、ゴムベラを泡立て器に持ち替え、グラニュー糖を3回に分けて入れながらよく混ぜ合わせる。

❸ ②に卵を3回に分けて加えながら混ぜ合わせる。

❹ 別のボウルに小麦粉をふるい入れ、生クリームを3回に分けて加え、よく混ぜ合わせて③に加える。

❺ 全体を混ぜ合わせ、その後ゆっくり3分間混ぜる。

❻ 生地全体がなめらかになったら焼き型に流し入れる。軽くトントンとテーブルに落として空気を抜く。

❼ 220°Cのオーブンに入れて30～40分焼く。

※ゴルゴンゾーラは香りも味も強めなので少量でも十分パンチがあります。もしゴルゴンゾーラが残ったら、焼き型に生地を流したあとにちぎって落とすと、できあがって食べたときにかたまりが口に当たって食感を楽しむことができます。

他の焼き型で焼く場合、生地の分量・温度・焼き時間はP.15の表を参照。
ゴルゴンゾーラはクリームチーズの分量の20%を目安。

BASQUE
# 13

## CAMEMBERT CHEESE

白カビの食感を楽しめる

# バスク風カマンベールチーズケーキ

カマンベールチーズの本家本元はフランスのノルマンディー地方。
表面に白カビを繁殖させて熟成させたやわらかいチーズです。
そのため、そのままでもおいしいけれど、
スイーツに入れてもおいしくできあがります。
今回は白カビの食感も残しつつ、特別なバスクチーズケーキに仕上げました。

**材料** 15cm丸型

クリームチーズ ……… 200g
グラニュー糖 ……… 80g
卵 ……… 120g
小麦粉 ……… 6g
生クリーム ……… 150g
カマンベールチーズ ……… 100g

※下準備、生地の作り方はP.8 〜 14参照

**作り方**

❶ ボウルにクリームチーズを入れ、湯煎にかけながらゴムベラでクリーム状になるまでよく練る。

❷ ①を湯煎から外し、ゴムベラを泡立て器に持ち替え、グラニュー糖を3回に分けて入れながらよく混ぜ合わせる。

❸ ②に卵を3回に分けて加えながら混ぜ合わせる。

❹ 別のボウルに小麦粉をふるい入れ、生クリームを3回に分けて加え、よく混ぜ合わせて③に加える。

❺ 全体を混ぜ合わせ、その後ゆっくり3分間混ぜる。

❻ 生地全体がなめらかになったら焼き型に流し入れる。

❼ カマンベールチーズをひと口大にちぎり（ナイフで切ってもよい）、⑥の生地の中に落とす。

❽ 軽くトントンとテーブルに落として空気を抜く。

❾ 220℃のオーブンに入れて30 〜 40分焼く。

他の焼き型で焼く場合、生地の分量・温度・焼き時間はP.15の表を参照。
カマンベールチーズはクリームチーズの分量の50%を目安。

BASQUE
14

RICOTTA CHEESE

低脂肪、低カロリーのチーズでさっぱりと

# バスク風リコッタチーズケーキ

たくさん食べたいけどカロリーが気になる、
そんな人におすすめのリコッタチーズを使ったチーズケーキ。
チーズ自体の食感は豆腐のようになめらか。ほんのり甘味があり
クセもほとんどありません。クリームチーズのコクと粘りをプラスして、
あと味スッキリのバスク風チーズケーキに仕上げました。

**材料** 15cm丸型

クリームチーズ……… 150g
リコッタチーズ……… 150g
グラニュー糖……… 80g
卵……… 90g
小麦粉……… 6g
生クリーム……… 180g

※下準備、生地の作り方はP.8 ～ 14参照

**作り方**

❶ ボウルにクリームチーズとリコッタチーズを入れ、湯煎にかけながらゴムベラでクリーム状になるまでよく練る。

❷ ①を湯煎から外し、ゴムベラを泡立て器に持ち替え、グラニュー糖を3回に分けて入れながらよく混ぜ合わせる。

❸ ②に卵を3回に分けて加えながら混ぜ合わせる。

❹ 別のボウルに小麦粉をふるい入れ、生クリームを3回に分けて加え、よく混ぜ合わせて③に加える。

❺ 全体を混ぜ合わせ、その後ゆっくり3分間混ぜる。

❻ 生地全体がなめらかになったら焼き型に流し入れる。軽くトントンとテーブルに落として空気を抜く。

❼ 220℃のオーブンに入れて30 ～ 40分焼く。

他の焼き型で焼く場合、生地の分量・温度・焼き時間はP.15の表を参照。
リコッタチーズはクリームチーズと同量を目安。

BASQUE

# 15

## RED CHEDDAR CHEESE

オレンジ色のチーズが食欲をそそる

# バスク風レッドチェダーチーズケーキ

チェダーチーズにはレッドとホワイトがありますが、
今回はレッドを使って甘さを抑えたチーズケーキを作りました。
チェダーはイギリス生まれの塩分が少し強いチーズ。
そのためハンバーガーにのせられていることが多く、熱を加えると
まろやかになるので、グラタンやピザにも使用されています。

**材料** 15cm丸型

レッドチェダーチーズ ……… 150g
牛乳 ……… 50g
クリームチーズ ……… 150g
グラニュー糖 ……… 50g
卵 ……… 90g
小麦粉 ……… 6g
生クリーム ……… 150g

- トッピング
  ドライフルーツ、ナッツ、
  はちみつ など ……… お好みで適量

※下準備、生地の作り方はP.8 〜 14参照

**作り方**

❶ レッドチェダーチーズはチーズおろしでおろすか、粗みじん切りにする。

❷ 耐熱容器に①と牛乳を入れ、電子レンジ（500W）で1分加熱する。

❸ ボウルにクリームチーズと②を入れ、湯煎にかけながらゴムベラでクリーム状になるまでよく練り合わせる。

❹ ③を湯煎から外し、ゴムベラを泡立て器に持ち替え、グラニュー糖を3回に分けて入れながらよく混ぜ合わせる。

❺ ④に卵を3回に分けて加えながら混ぜ合わせる。

❻ 別のボウルに小麦粉をふるい入れ、生クリームを3回に分けて加え、よく混ぜ合わせて⑤に加える。

❼ 全体を混ぜ合わせ、その後ゆっくり3分間混ぜる。

❽ 生地全体がなめらかになったら焼き型に流し入れる。軽くトントンとテーブルに落として空気を抜く。

❾ 220℃のオーブンに入れて30 〜 40分焼く。

他の焼き型で焼く場合、生地の分量・温度・焼き時間はP.15の表を参照。
レッドチェダーチーズはクリームチーズと同量、牛乳はレッドチェダーチーズの34%を目安。

BASQUE
16

GOUDA CHEESE

コクとうまみが深く贅沢な味わい

# バスク風ゴーダチーズケーキ

オランダを代表するゴーダチーズは、熟成期間によって味が変わります。
若いものはみずみずしく、熟成したものはコクとうまみが増し、
キャラメルのような甘味を持つものもあります。チーズケーキには
どちらも合いますが、コスパ的には若いチーズがおすすめ。
セミハードタイプなのでチーズおろしで細かく削ってから使用しましょう。

**材料** 15cm丸型

ゴーダチーズ……… 150g
牛乳……… 50g
クリームチーズ……… 150g
グラニュー糖……… 80g
卵……… 90g
小麦粉……… 6g
生クリーム……… 150g

※下準備、生地の作り方はP.8 ～ 14参照

**作り方**

❶ ゴーダチーズはチーズおろしでおろすか、みじん切りにする。

❷ 耐熱容器に①と牛乳を入れ、電子レンジ（500W）で1分加熱する。

❸ ボウルにクリームチーズと②を入れ、湯煎にかけながらゴムベラでクリーム状になるまでよく練り合わせる。

❹ ③を湯煎から外し、ゴムベラを泡立て器に持ち替え、グラニュー糖を3回に分けて入れながらよく混ぜ合わせる。

❺ ④に卵を3回に分けて加えながら混ぜ合わせる。

❻ 別のボウルに小麦粉をふるい入れ、生クリームを3回に分けて加え、よく混ぜ合わせて⑤に加える。

❼ 全体を混ぜ合わせ、その後ゆっくり3分間混ぜる。

❽ 生地全体がなめらかになったら焼き型に流し入れる。軽くトントンとテーブルに落として空気を抜く。

❾ 220℃のオーブンに入れて30 ～ 40分焼く。

他の焼き型で焼く場合、生地の分量・温度・焼き時間はP.15の表を参照。
ゴーダチーズはクリームチーズと同量、牛乳はゴーダチーズの34%を目安。

BASQUE
# 17

## MAROILLES CHEESE

ねっとりとした舌触りのウォッシュタイプで香り高く

# バスク風マロワールチーズケーキ

マロワールは、ベルギーとフランスの国境近くで作られている
ウォッシュタイプのチーズ。茶褐色でしっとりとした外観と
個性的なクセのある香り、四角い形が特徴です。
現地でマロワールを使った伝統料理は「タルト・オ・マロワール」。
それをイメージした、甘くないおつまみ風チーズケーキにしました。

**材料** 15cm丸型

マロワール……… 200g（100gは後入れする）
牛乳……… 30g
クリームチーズ……… 100g
グラニュー糖……… 50g
卵……… 90g
小麦粉……… 6g
生クリーム……… 150g

- トッピング
  - 色とりどりの野菜……… 適量
  - 塩……… 少々

※下準備、生地の作り方はP.8 〜 14参照

**作り方**

❶ マロワール100gは、みじん切りにする。

❷ 耐熱容器に①と牛乳を入れ、電子レンジ（500W）で1分加熱する。

❸ ボウルにクリームチーズと②を入れ、湯煎にかけながらゴムベラでクリーム状になるまでよく練る（マロワールのつぶつぶは残る）。

❹ ③を湯煎から外し、ゴムベラを泡立て器に持ち替え、グラニュー糖を3回に分けて入れながらよく混ぜ合わせる。

❺ ④に卵を3回に分けて加えながら混ぜ合わせる。

❻ 別のボウルに小麦粉をふるい入れ、生クリームを3回に分けて加え、よく混ぜ合わせて⑤に加える。

❼ 全体を混ぜ合わせ、その後ゆっくり3分間混ぜる。

❽ 生地全体がなめらかになったら焼き型に流し入れる。残りのマロワール（100g）を粗みじん切りにして生地に落とす。

❾ 軽くトントンとテーブルに落として空気を抜く。

❿ 220°Cのオーブンに入れて30 〜 40分焼く。

他の焼き型で焼く場合、生地の分量・温度・焼き時間はP.15の表を参照。
マロワール全量はクリームチーズの分量の倍、牛乳は半量のマロワールの30%を目安。

Journey to
**BASQUE**

私のバスク探訪記②

# これぞサン・セバスティアン流！本場バスクのチーズケーキはワインと楽しむ

美食の地として有名なバスクですが、なかでもバスクチーズケーキは、大人気の代表的スイーツ。日本ではコンビニスイーツにもなり、多くのカフェでも「バスク風チーズケーキ」が提供されています。

では、本場のバスクチーズケーキとは、どんなものなのでしょう。サン・セバスティアンのチーズケーキで一番人気の老舗バルを訪れてみました。

注文すると、薄くカットされたチーズケーキが2枚、横に倒された状態でサーブされます。添えられるのはフォークではなくスプーン。その理由は、ケーキが意外にやわらかい半生状態だからです。

ケーキをすくって食べるほどの半生状態に仕上げるポイントは、まず冷まし方にあります。ほとんどの人がチーズケーキを注文するので、店の棚という棚全てがチーズケーキでいっぱいですが、その棚は下から見ると丸い穴があいていました。これはやわらかく仕上げるために中央部分をいち早く冷ましたいから、だそう。

また本書で24cmの焼き型（P.15参照）で紹介している分量で作ることも大切。シェフいわく、「中央部分をトロッとした舌触りに仕上げるには大きな焼き型（24cm）で作ることがコツ。この大きさでないとこの味は出ない」とのこと。作り方のテクニックだけでなく、材料の分量にも秘密がありました。

そして本場では、バスクチーズケーキはデザートではなく、ワインのお供として食されていました。チャコリ（バスクで作られた微発砲の白ワイン）やミディアムボディの赤ワインにベストマッチ。バスクチーズケーキの特徴である焦げの苦味と半生状態の生地は、まるで濃厚で上品なチーズを食べているようで、ワインと相性がいいのは当たり前ですね。おうちでも大きな焼き型で作り、仲間や家族とワイン片手に楽しむ、ホームパーティーにピッタリのおつまみスイーツなのです。

①

②

③

④

①サン・セバスティアンでバスクチーズケーキといえばここ。代々レシピを受け継ぎ、バルを経営しているラ・ビーニャ。店内の棚にもチーズケーキが並んでいます。／②これが本場のバスクチーズケーキ。やわらかいのでスプーンで食べるのがサン・セバスティアン流。／③カウンターにはチーズケーキのオーダーを待つ人がたくさん。慣れているせいか、店員さんはひとりの注文も逃しません、さすが！／④バルに入りきれない人たちは、外で待機。隙を見て入り、大声でチーズケーキとワインをオーダーします。

Journey to
BASQUE

私のバスク探訪記③

# バスクは食べる喜びにあふれている街。忘れられない感動の一皿を求めて

バスクは、世界で有数のミシュラン星付きレストランが多数点在する場所。サン・セバスティアンだけでも車で10分内の移動エリアに星が18個もあります。しかも国内に11軒ある3つ星レストランのうち、なんと3軒がサン・セバスティアンに。

新鮮な食材が身近にあるのが、バスクが美食の宝庫になった理由のひとつ。その食材を求めて世界中から集まった敏腕シェフたちが、厨房という場所をクリエイティブなアトリエに変え、次々と素晴らしい料理を作り出しているのです。

サン・セバスティアンには料理好きが集い、作っては食べ、飲むという「美食倶楽部」が複数あります。ほとんどが男性だけの会員制の集いで、招待されないと入れないとか。また、バスクにはプロフェッショナルになるための4年制料理技術大学もあり、この地域の食に対する思いがよくわかります。

「言葉で言い表せないものを料理で表現する」のがサン・セバスティアンの印象。バルのカウンターに並ぶピンチョスや、タパス、ちょっとした煮込み料理ですら、何を食べてもおいしい。高級なレストランから庶民的な食堂やバルまで、着席でも立ち食いでも同じくらいのクオリティーで提供される料理は、感動的でもあります。

世界中から美食家たちが集まるサン・セバスティアンは、食べる喜びにあふれている街。チーズケーキ以外にも、おいしいものを探しに訪れてはいかがでしょうか。

①案内してくださった、山口純子さん。「バスク美食倶楽部」というサイトのオーナーであり、現地でガイドやコーディネイター、街づくりコンサルティングなどをなさっています。／②昼間の街はファミリーや観光する人も多いですが、意外と静かです。／③おいしいバルの見分け方は、床に紙や串がたくさん落ちていることです。／④ちょっとしたピンチョスやタパスも全ておいしい！ ピンチョスひとつは2ユーロほどです。／⑤感動的な一皿は、旬の食材ポルチーニ茸をソテーしたもの。冷えたチャコリと相性抜群でした。／⑥元祖ピンチョスのヒルダ。オリーブと青唐辛子、アンチョビが刺さっています。

BASQUE

Cheese Cake

# PART 3

## 映える！ 華やぐ！<br>生地＆トッピングの<br>アレンジ

ここでは、ビターな大人味の生地アレンジと特別な日にふさわしいフレーバー生地、見た目がぐんと華やぐトッピングのアイディアをご紹介します。遊び心あるフォトジェニックなスイーツは、プレゼントにはもちろん、ホームパーティの手土産にぴったり。みんなの歓声が聞こえてきそうです。ビビッドな着色は、体にむしろいい素材を厳選。お子さんにも安心です。

**18**
スパイシーオレンジ

**19**
シナモンアップルクランブル

20
バナナクリーム
キャラメル

21
パリパリ
チョコレート

BASQUE
## 18

SPICY ORANGE

# スパイシー オレンジ

さわやかなオレンジにエキゾチックなスパイスが香る、異国情緒なバスクチーズケーキ。トッピングだけで、一晩置けば生地に味がしみ込みます。

**材料** 9cmマフィン型

好みのバスクチーズケーキ……8個
オレンジ……1個
水……50mℓ
レモン汁……大さじ1
砂糖……大さじ1
シナモン（パウダー）……小さじ1/3
スターアニス……1個
クローブ……2個
ミント……少々

**作り方**

❶ オレンジは皮のまま薄くスライスする。

❷ 小鍋に①、水、レモン汁、砂糖、シナモン、スターアニス、クローブを入れて中火にかける。

❸ 沸騰してきたら弱火にし、2分ほど煮詰めて火から下ろして冷ます。

❹ ③の粗熱が取れたら形のあるスパイス（スターアニス、クローブ）は捨て、オレンジをバスクチーズケーキの上にのせ、煮汁をかけ、ミントを飾る。

BASQUE
## 19

CINNAMON APPLE CRUMBLE

# シナモンアップル クランブル

りんごの甘酸っぱさとクランブルのサクサクした食感、シナモンの香りが食欲をそそるスイーツ。2度焼きするのでしっかり系のチーズケーキに。

**材料** 15cm丸型

好みのバスクチーズケーキ……ホール1個
りんご……1個
ブラウンシュガー……80g
シナモン（パウダー）……小さじ1
小麦粉……50g
バター……50g

**作り方**

❶ りんごは皮をむき、3mm程度にスライスしたらブラウンシュガー50gとシナモンをまぶす。フライパンに入れて中火にかけ、水分がなくなるまで加熱する。

❷ ボウルに小麦粉、バター、ブラウンシュガー30gを入れ、指ですりつぶすようにそぼろ状になるまでなじませる。

❸ 好みのバスクチーズケーキの上に①をのせ、②を散らす。

❹ 180°Cに温めたオーブンをグリル（上火のみ）に設定し、15分ほど焼く。

BASQUE

## 20

BANANA CREAM CARAMEL

# バナナクリーム キャラメル

みんなが大好きな王道の組み合わせ！ バナナのフレッシュ感とホイップクリームの甘さ、キャラメルのほろ苦さが、バスクチーズケーキに合います。

**材料** 15cm丸型

好みのバスクチーズケーキ ……… ホール1個
バナナ ……… 2本
キャラメルソース ……… 適量（P.28参照）

- ホイップクリーム ……… 200mℓ
  - 生クリーム ……… 200g
  - 砂糖 ……… 大さじ3

**作り方**

❶ バナナは斜めにスライスする。

❷ ホイップクリームは材料の分量をボウルに入れ、固めにホイップして口金をつけた絞り出し袋に入れる。

❸ バスクチーズケーキの上に①を広げてのせる。

❹ ③の上に②をたっぷり絞る。

❺ ④の上からキャラメルソースをかける。

BASQUE

## 21

PARI-PARI CHOCOLATE

# パリパリ チョコレート

意外ですが、バスクチーズケーキは冷たくてもおいしい。固くなったチョコレートと、トロッとしたチーズケーキがたまらない一品です。

**材料** 15cm丸型

好みのバスクチーズケーキ ……… ⅙カットを4切れ
クーベルチュールチョコレート（ブラック） ……… 200g

**作り方**

❶ カットした好みのバスクチーズケーキを2時間以上冷凍する。

❷ クーベルチュールチョコレートは砕いてボウルに入れ、60℃のお湯で湯煎にかけて溶かす。

❸ ①を②にくぐらせ、オーブンペーパーなどの上に置く。

トッピング アレンジ

BASQUE
# 22
JAPANESE TASTE

# 黒豆入り抹茶

甘さ控えめの生地に抹茶を多く入れるので渋みもありますが、
黒豆とトッピングでほどよい甘さに仕上がっています。
日本茶はもちろんですが、白ワインにも好相性。

**材料** 15cm丸型　1ホール分

クリームチーズ……… 300g
グラニュー糖……… 100g
卵……… 90g
小麦粉……… 6g
生クリーム……… 200g
抹茶……… 15g
黒豆（市販の煮豆）……… 適量
粉砂糖……… 少々

- トッピング
  ホイップクリーム
  （生クリーム200g、砂糖大さじ3）……… 200mℓ

※下準備、生地の作り方はP.8 ～ 14参照

**作り方**

❶ ボウルにクリームチーズを入れ、湯煎にかけながらゴムベラでクリーム状になるまでよく練る。

❷ ①を湯煎から外し、ゴムベラを泡立て器に持ち替え、グラニュー糖を3回に分けて入れながらよく混ぜ合わせる。

❸ ②に卵を3回に分けて加えながら混ぜ合わせる。

❹ 別のボウルに小麦粉をふるい入れ、生クリームを3回に分けて加え、よく混ぜ合わせて③に加える。

❺ ④に抹茶をふるい入れて全体をよく混ぜ合わせ、その後ゆっくり3分間混ぜる。

❻ 焼き型の底に黒豆を敷き詰める。

❼ 生地全体がなめらかになったら⑥に流し入れる。軽くトントンとテーブルに落として空気を抜く。

❽ 220℃のオーブンに入れて30 ～ 40分焼く。

他の焼き型で焼く場合、生地の分量・温度・焼き時間はP.15の表を参照。
抹茶はクリームチーズの分量の5%を目安。

生地
アレンジ

**23**
ミックスベリー

**24**
マンゴーココナッツ

BASQUE
# 23

MIXED BERRY

## ミックスベリー

ベリーの酸味とクリームチーズは相性抜群。

**材料** 15㎝丸型　1ホール分

クリームチーズ …… 250g
グラニュー糖 …… 80g
卵 …… 120g
小麦粉 …… 6g
生クリーム …… 150g
プレーンヨーグルト …… 30g
ミックスベリー（生地用）（冷凍）…… 60g

- トッピング
  - ミックスベリー（冷凍）…… 150g
  - 水 …… 50g
  - 砂糖 …… 30g

**作り方** ※下準備、生地の作り方はP.8 ～ 14参照

❶ ボウルにクリームチーズを入れ、湯煎にかけながらゴムベラでクリーム状になるまでよく練る。

❷ ①を湯煎から外し、ゴムベラを泡立て器に持ち替え、グラニュー糖を3回に分けて入れながらよく混ぜ合わせる。

❸ ②に卵を3回に分けて加えながら混ぜ合わせる。

❹ 別のボウルに小麦粉をふるい入れ、生クリームを3回に分けて加え、よく混ぜ合わせて③に加える。

❺ ミックスベリーとヨーグルト、水大さじ3（分量外）をミキサーに入れて攪拌してペースト状にする。④に加えてよく混ぜ合わせ、その後ゆっくり3分間混ぜる。

❻ 生地全体がなめらかになったら焼き型に流し入れる。軽くトントンとテーブルに落として空気を抜く。

❼ 220℃のオーブンに入れて30 ～ 40分焼く。

❽ トッピングを作る。鍋に水と砂糖を入れて中火にかける。砂糖が溶けたらミックスベリーを加えてからめ、2分ほど煮詰めて火から下ろして冷ます。

他の焼き型で焼く場合、生地の分量・温度・焼き時間はP.15の表を参照。ミックスベリー（生地用）はクリームチーズの分量の24%、プレーンヨーグルトは12%を目安。

BASQUE
# 24

MANGO COCONUT

## マンゴーココナッツ

マンゴーとココナッツの香りがトロピカル。

**材料** 15㎝丸型　1ホール分

クリームチーズ …… 250g
グラニュー糖 …… 50g
卵 …… 90g
小麦粉 …… 6g
ココナッツミルクパウダー …… 30g
生クリーム …… 150g
マンゴーピューレ …… 150g

- トッピング
  - マンゴー …… 適量
  - ミント …… 少々

**作り方** ※下準備、生地の作り方はP.8 ～ 14参照

❶ ボウルにクリームチーズを入れ、湯煎にかけながらゴムベラでクリーム状になるまでよく練る。

❷ ①を湯煎から外し、ゴムベラを泡立て器に持ち替え、グラニュー糖を3回に分けて入れながらよく混ぜ合わせる。

❸ ②に卵を3回に分けて加えながら混ぜ合わせる。

❹ 別のボウルに小麦粉をふるい入れ、生クリームを3回に分けて加え混ぜ、③に入れる。ココナッツミルクパウダーも加えてよく混ぜ合わせる。

❺ ④にマンゴーピューレを加えてよく混ぜ合わせ、その後ゆっくり3分間混ぜる。

❻ 生地全体がなめらかになったら焼き型に流し入れる。軽くトントンとテーブルに落として空気を抜く。

❼ 220℃のオーブンに入れて30 ～ 40分焼く。

他の焼き型で焼く場合、生地の分量・温度・焼き時間はP.15の表を参照。マンゴーピューレはクリームチーズの分量の60%、ココナッツミルクパウダーは12%を目安。

生地
アレンジ

BASQUE
# 25

CHINESE TASTE

## タピオカジャスミン茶

大人気のタピオカミルクティーを、紅茶ではなくジャスミン茶を使って
バスク風チーズケーキにしました。
少量の茶葉をそのまま入れるので、食べるたびにジャスミンが香ります。

**材料** 15cm丸型　1ホール分

クリームチーズ……… 250g
グラニュー糖……… 80g
卵……… 90g
小麦粉……… 6g
生クリーム……… 200g

- ジャスミン茶液
  - 水……… 80g
  - ジャスミン茶（茶葉）……… 小さじ3

- トッピング
  - ホイップクリーム（生クリーム200g、砂糖大さじ3）……… 200mℓ
  - タピオカ（戻したもの）……… 適量
  - 黒糖ソース……… 適量（P.29参照）

※下準備、生地の作り方はP.8～14参照

**作り方**

❶ ボウルにクリームチーズを入れ、湯煎にかけながらゴムベラでクリーム状になるまでよく練る。

❷ ①を湯煎から外し、ゴムベラを泡立て器に持ち替え、グラニュー糖を3回に分けて入れながらよく混ぜ合わせる。

❸ ②に卵を3回に分けて加えながら混ぜ合わせる。

❹ 別のボウルに小麦粉をふるい入れ、生クリームを3回に分けて加え、よく混ぜ合わせて③に加え、さらによく混ぜ合わせる。

❺ ジャスミン茶液を作る。小鍋に水を入れて中火にかけ、茶葉小さじ2を加えて煮出す。火を止めて5分ほど置いてから茶こしでこし、④に加える。

❻ 残りの茶葉小さじ1を⑤に加えて全体をよく混ぜ合わせ、その後ゆっくり3分間混ぜる。

❼ 生地全体がなめらかになったら焼き型に流し入れる。軽くトントンとテーブルに落として空気を抜く。

❽ 220℃のオーブンに入れて30～40分焼く。

他の焼き型で焼く場合、生地の分量・温度・焼き時間はP.15の表を参照。
ジャスミン茶液はクリームチーズの分量の32%を目安。

生地
アレンジ

BASQUE
# 26

## DOUBLE CHOCOLATE
## 濃厚ダブルチョコレート

バスクチーズケーキを濃厚なチョコレート生地に！

**材料** 15cm丸型　1ホール分

クリームチーズ …… 250g
クーベルチュールチョコレート（ブラック・生地用）
（刻んでボウルに入れ、湯煎で溶かす）…… 100g
グラニュー糖 …… 50g　　卵 …… 80g
小麦粉 …… 5g　　ココアパウダー …… 10g
生クリーム …… 180g

- トッピング（ガナッシュクリーム）

クーベルチュールチョコレート（ブラック）…… 100g
生クリーム …… 150g

※下準備、生地の作り方はP.8 ～ 14参照

**作り方**

❶ ボウルにクリームチーズを入れ、湯煎にかけながらゴムベラでクリーム状になるまでよく練る。湯煎から外し、泡立て器に持ち替え、溶けたクーベルチュールチョコレートを加えて混ぜ合わせる。

❷ ①にグラニュー糖を3回に分けて入れながらよく混ぜ合わせ、さらに卵を3回に分けて加えながら混ぜ合わせる。

❸ 小麦粉と生クリームを合わせたものとココアパウダーを②に入れ、ゆっくり3分間よく混ぜる。

❹ 生地がなめらかになったら焼き型に流し入れ、軽くテーブルに落として空気を抜き、220°Cのオーブンに入れて30 ～ 40分焼く。

❺ トッピング用のクーベルチュールチョコレートをボウルに入れ、沸騰寸前まで温めた生クリームをいっきに入れてよく混ぜ合わせ、ホールケーキにかける。

他の焼き型で焼く場合、生地の分量・温度・焼き時間はP.15の表を参照。クーベルチュールチョコレート（生地用）はクリームチーズの分量の40%、ココアパウダーは4%を目安。

BASQUE
# 27

## ESPRESSO
## エスプレッソ

とろける舌触りにビターな苦味が大人の味わい。

**材料** 15cm丸型　1ホール分

クリームチーズ …… 250g　グラニュー糖 …… 100g
卵 …… 90g　　小麦粉 …… 6g
生クリーム …… 180g

- エスプレッソ液

牛乳 …… 50g
インスタントコーヒー（粉末か顆粒）…… 20g

※下準備、生地の作り方はP.8 ～ 14参照

**作り方**

❶ ボウルにクリームチーズを入れ、湯煎にかけながらゴムベラでクリーム状になるまでよく練る。

❷ ①を湯煎から外し、ゴムベラを泡立て器に持ち替え、グラニュー糖を3回に分けて入れながらよく混ぜ合わせる。

❸ ②に卵を3回に分けて加えながら混ぜ合わせる。

❹ 別のボウルに小麦粉をふるい入れ、生クリームを3回に分けて加え、よく混ぜ合わせて③に加える。

❺ エスプレッソ液を作る。小鍋に牛乳を入れて中火にかけ、インスタントコーヒーを加えて溶かす。

❻ ④に⑤を加えてよく混ぜ合わせ、その後ゆっくり3分間混ぜる。

❼ 生地全体がなめらかになったら焼き型に流し入れる。軽くトントンとテーブルに落として空気を抜く。

❽ 220°Cのオーブンに入れて30 ～ 40分焼く。

※本格的にいれたエスプレッソを使用する場合、牛乳で薄めずにエスプレッソ自体の分量を70gにします。

他の焼き型で焼く場合、生地の分量・温度・焼き時間はP.15の表を参照。エスプレッソ液はクリームチーズの分量の28%を目安。

生地
アレンジ

26
濃厚ダブルチョコレート

27
エスプレッソ

BASQUE

# 28

HAWAIIAN STYLE

## ハワイアンスタイル

色とりどりのフルーツや花は、
スイーツのデコレーションに欠かせないアイテムです。
バスクだって海辺の街、
ハワイアンスタイルも似合います。

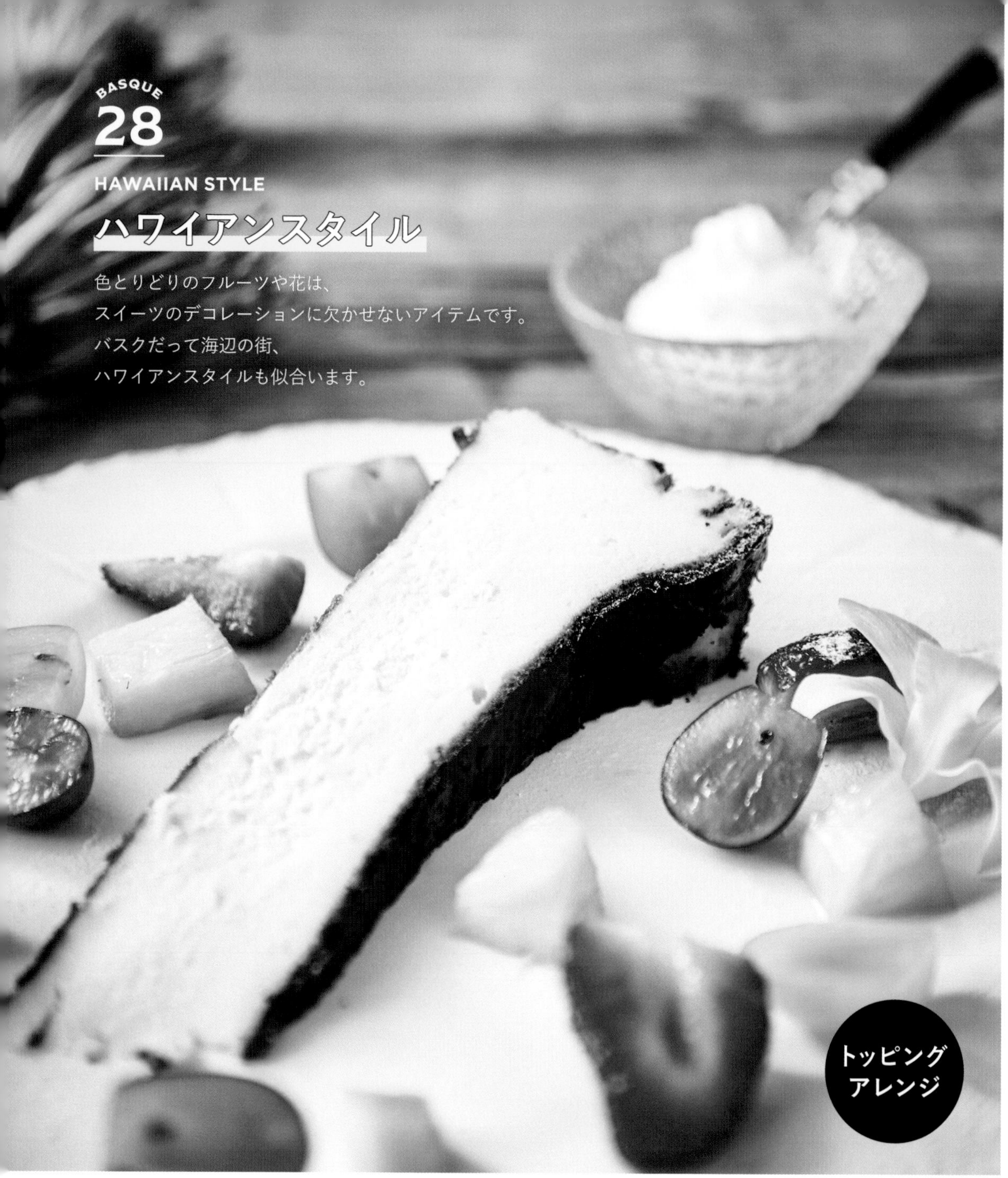

**トッピングアレンジ**

**材料** 20cm丸型

好みのバスクチーズケーキ……… 1切れ
いちご……… 1個
パイナップル……… 30g
ぶどう（2色）……… 各3個
粉砂糖……… 少々
ホイップクリーム
（P.51のホイップクリームを参照）……… 適量
デンファレ……… 1輪

**作り方**

❶ 大きめの皿の中央にバスクチーズケーキを置く。

❷ フルーツを食べやすい大きさに切り、
色とりどりにちらしてのせる。

❸ 粉砂糖を全体にふりかける。

❹ ホイップクリームは小さな器に入れて添える。

❺ デンファレを飾る。

BASQUE

# 29

CREAM NUTS

## クリームナッツ

クリームとナッツで、あのコンビニの
プレミアムスイーツみたいに仕上げました。

**材料** 9cmマフィン型

好みのマフィン型バスクチーズケーキ ……… 2個
ホイップクリーム
（P.51のホイップクリームを参照）……… 大さじ4
ナッツ（アーモンド、クルミなど）……… 少々（砕く）

**作り方**

❶ 口金をつけた絞り出し袋にホイップクリームを入れる。

❷ バスクチーズケーキにホイップクリームを絞り、ナッツをトッピングする。

BASQUE

# 30

MONT BLANC

## モンブラン風

憧れのモンブランも、市販のマロンクリームを
使えばあっという間にできあがります。

**材料** 9cmマフィン型

好みのマフィン型バスクチーズケーキ ……… 2個
マロンクリーム（市販）……… 大さじ4
ホイップクリーム
（P.51のホイップクリームを参照）……… 大さじ3
栗の甘露煮 ……… 2個
粉砂糖 ……… 少々

**作り方**

❶ ボウルにマロンクリームとホイップクリーム大さじ2を入れ、泡立て器でよく混ぜ合わせる。

❷ 口金をつけた絞り出し袋に①を入れ、バスクチーズケーキの上に絞る。

❸ 上に残りのホイップクリームをのせ、栗の甘露煮を置き、粉砂糖をふる。

BASQUE

## 31

CHRISTMAS TREE

# クリスマスツリー

ツリー形にホイップしたバスクチーズケーキ。
カラフルに飾れば盛り上がること間違いなし。

**材料** 9cmマフィン型

好みのマフィン型バスクチーズケーキ …… 8個
生クリーム …… 200mℓ
砂糖 …… 大さじ3
フードカラー（緑や青など）…… 少々
（粉末なら少量の水で溶いておく）
アラザン（銀）、チョコレートなど …… 適量

**作り方**

❶ ボウルに生クリーム、砂糖、フードカラーを入れて固くホイップする。

❷ 口金をつけた絞り出し袋に①を入れ、バスクチーズケーキの上にモミの木のように絞る。

❸ ところどころにアラザンをちらし、チョコレートなどをトッピングする。

BASQUE

## 32

HALLOWEEN

# ハロウィーン

おばけの仮装をしている子どもたちに
プレゼントして、ビックリさせたいケーキです。

**材料** 9cmマフィン型

好みのマフィン型バスクチーズケーキ …… 8個
マシュマロ …… 8個
砂糖 …… 大さじ1
生クリーム …… 100mℓ
フードカラー（黒）…… 適量
（粉末なら少量の水で溶いておく）
アラザン（銀）…… 少々

**作り方**

❶ マシュマロにフードカラーでおばけの顔を描く。

❷ ボウルに生クリーム、砂糖、フードカラーを入れて固くホイップする。

❸ 口金をつけた絞り出し袋に②を入れ、バスクチーズケーキの上に絞る。

❹ 中央に①をのせ、アラザンをちらす。

BASQUE

# 33

VALENTINE

## バレンタイン

1年に1度の貴重な日に失敗は許されません！
見た目はスイートでも中はトロッとお酒にも合う、
そんなバスクチーズケーキはいかがでしょう？

トッピング
アレンジ

**材料** 15cm丸型　1ホール分

濃厚ダブルチョコレート（P.58を使用）……… ホール1個
ハート形のクッキー
（あらかじめチョコペンなどでメッセージを書いておく）……… 1個
赤のマーブルチョコ ……… 適量
バラの花びらやアイビーなど
（使用しているものは食用ではありません）……… 適量

**作り方**

❶ バスクチーズケーキの中央に、ハート形のクッキーを置く。

❷ 赤のマーブルチョコでハートを包むようにトッピングする。

❸ バラの花びらやアイビーを飾る。

*Profile*

## 藤沢セリカ

ハワイ・アイランド料理研究家、アンチエイジングアドバイザー、ハーブコーディネーター。

30年以上にわたるハワイキャリアのなかでハワイ料理、パンケーキをはじめとしたアメリカンスイーツの研究を深める。その一方でパティシエ、フレンチのシェフのもとでも経験を積み、バリ島やタイ、カリフォルニアなど、さまざまな国のレストランで修業。
初心者でも失敗なく作れるスイーツレシピには定評がある。ALOHA DELI、South Point主宰。
著書に『Theハワイアンスイーツ＆デリ』『Theハワイアンパンケーキレシピ』『Theエッグベネディクト＆フレンチトーストレシピ』（全て小社刊）などがある。

*Staff*

**デザイン**
楯 まさみ

**撮影**
大木慎太郎

**スタイリング**
South Point

**フラワーコーディネート**
福島康代

**バスクコーディネーター**
山口純子

**校正**
今西文子（ディクション）

**企画・編集**
成田すず江（株式会社テンカウント）

**撮影協力**
福島啓二
Floral_Atelier
UTUWA
スペイン政府観光局

# 絶品！ バスクチーズケーキ


2020年1月20日　初版印刷
2020年1月30日　初版発行

著　者　藤沢セリカ
発行者　小野寺優
発行所　株式会社河出書房新社
〒151-0051
東京都渋谷区千駄ヶ谷2-32-2
電　話　03-3404-1201（営業）
03-3404-8611（編集）
http://www.kawade.co.jp/
印刷・製本　凸版印刷株式会社

Printed in Japan
ISBN978-4-309-28771-3




本書の内容に関するお問い合わせは、お手紙かメール（jitsuyou@kawade.co.jp）にて承ります。恐縮ですが、お電話でのお問い合わせはご遠慮くださいますようお願いいたします